Impressum
Verlag: BABADADA GmbH, Nedderfeld 112 , 22529 Hamburg
Geschäftsführer / Verlagsleitung: Harald Hof
Druck: Books on Demand GmbH, In de Tarpen 42, 22848 Norderstedt

Imprint
Publisher: BABADADA GmbH, Nedderfeld 112 , 22529 Hamburg, Germany
Managing Director / Publishing direction: Harald Hof
Print: Books on Demand GmbH, In de Tarpen 42, 22848 Norderstedt, Germany

iskola
school

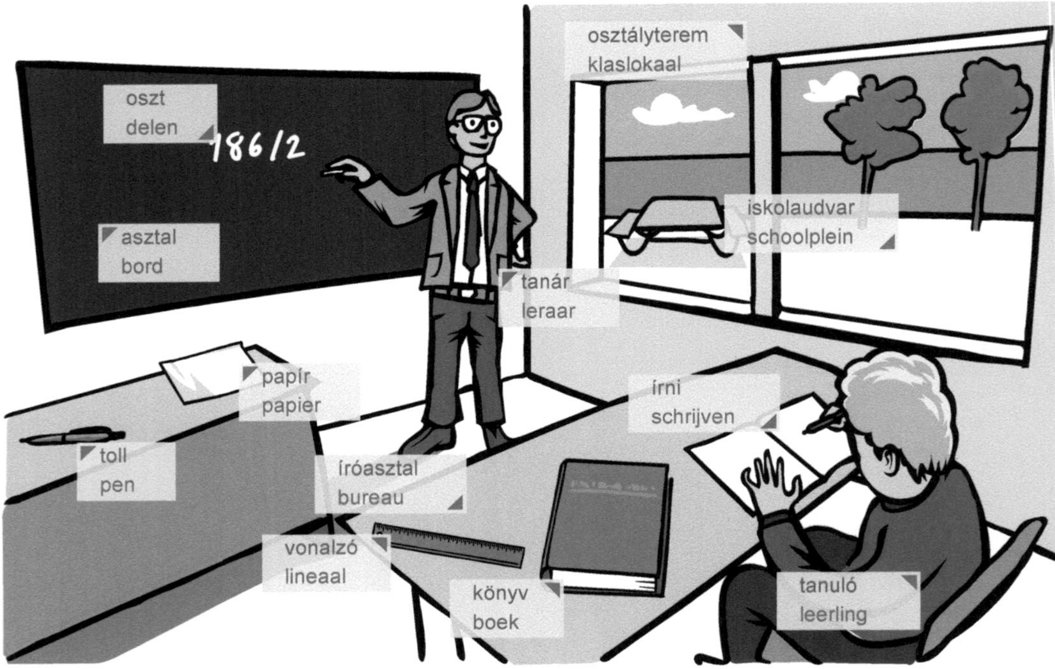

osztályterem
klaslokaal
oszt
delen
186/2
asztal
bord
iskolaudvar
schoolplein
tanár
leraar
papír
papier
írni
schrijven
toll
pen
íróasztal
bureau
vonalzó
lineaal
könyv
boek
tanuló
leerling

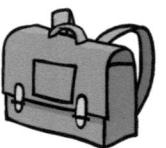

iskolatáska
schooltas

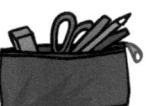

tolltartó
etui

ceruza
potlood

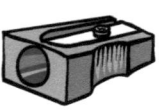

ceruzahegyező
puntenslijper

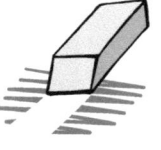

radír
gum

rajzfüzet
schetsblok

rajz
tekening

ecset
penseel

festőkészlet
verfdoos

olló
schaar

ragasztó
lijm

munkafüzet
schrift

házi feladat
huiswerk

12

szám
getal

2+2

összead
optellen

5-2

kivon
aftrekken

2×2

szoroz
vermenigvuldigen

számol
rekenen

A

betű
letter

ABCDEFG HIJKLMN OPQRSTU VWXYZ

ABC
alfabet

hello

szó
woord

szöveg

tekst

olvasni

lezen

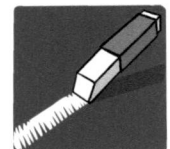

kréta

krijt

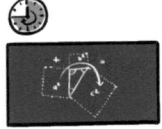

tanóra

les

napló

klassenboek

vizsga

examen

bizonyítvány

diploma

iskolai egyenruha

schooluniform

oktatás

opleiding

enciklopédia

encyclopedie

egyetem

universiteit

mikroszkóp

microscoop

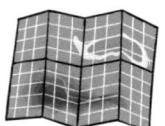

térkép

kaart

papír-hulladék gyűjtő

prullenmand

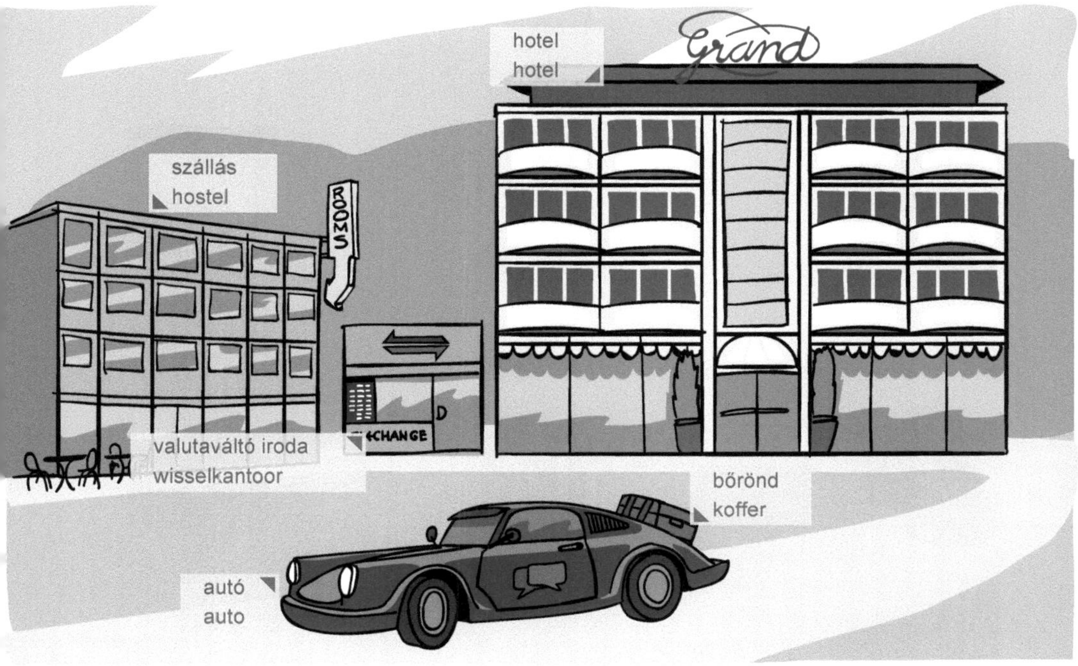

hotel
hotel

Grand

szállás
hostel

ROOMS

valutaváltó iroda
wisselkantoor

EXCHANGE

bőrönd
koffer

autó
auto

nyelv	igen/nem	rendben
taal	ja / nee	oké

szia	fordító	köszönöm
Hallo!	tolk	Bedankt.

mennyibe kerül…?

Wat kost …?

nem értem

Ik begrijp het niet.

probléma

probleem

Jó estét!

Goedenavond!

jó reggelt!

Goedemorgen!

jó éjszakát!

Goedenacht!

viszontlátásra

Tot ziens!

útirány

richting

poggyász

bagage

táska

tas

hátizsák

rugzak

vendég

gast

szoba

kamer

hálózsák

slaapzak

sátor

tent

turista információ

VVV-kantoor

strand

strand

hitelkártya

creditkaart

reggeli

ontbijt

ebéd

lunch

vacsora

diner

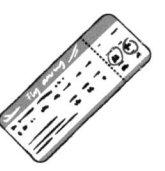

jegy

kaartje

lift

lift

bélyeg

postzegel

határ

grens

vám

douane

nagykövetség

ambassade

vízum

visum

útlevél

paspoort

közlekedés
transport

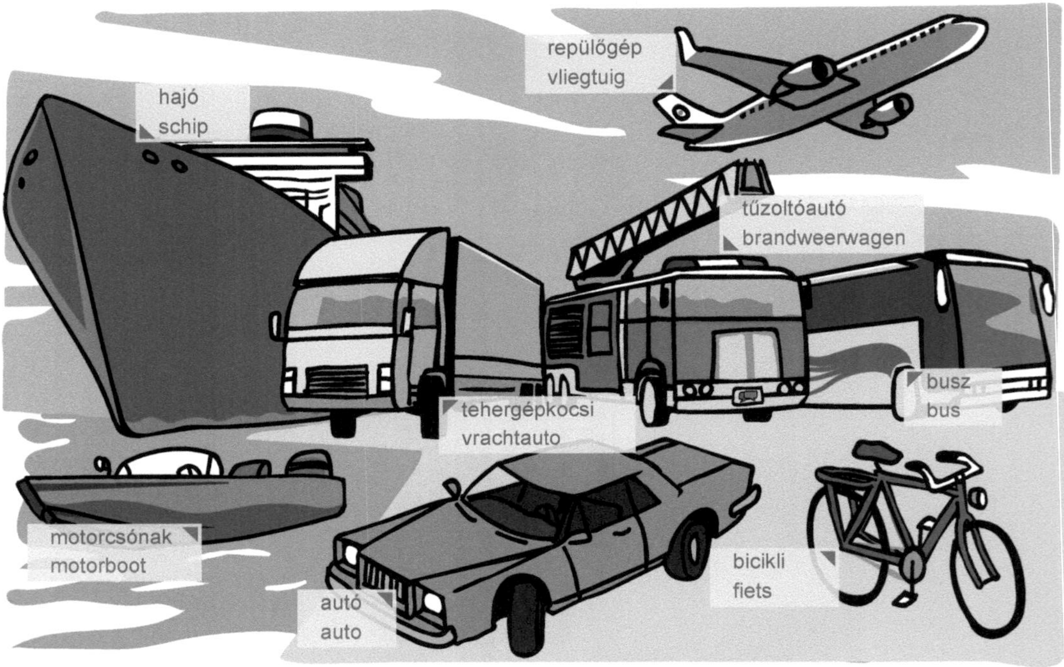
repülőgép
vliegtuig
hajó
schip
tűzoltóautó
brandweerwagen
busz
bus
tehergépkocsi
vrachtauto
motorcsónak
motorboot
bicikli
fiets
autó
auto

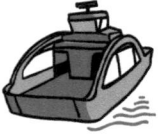

komp

veerboot

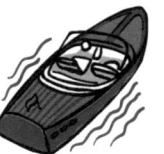

csónak

boot

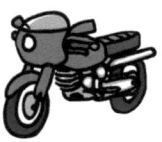

motorkerékpár

motorfiets

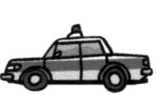

rendőrautó

politiewagen

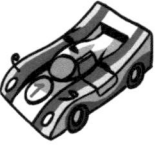

versenyautó

raceauto

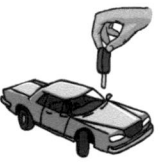

bérautó

huurauto

telekocsi

carsharing

vontató

takelwagen

szemetes autó

vuilniswagen

motor

motor

üzemanyag

benzine

benzinkút

benzinepomp

közlekedési tábla

verkeersbord

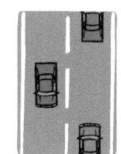

forgalom

verkeer

forgalmi dugó

file

parkoló

parkeerplaats

vonatállomás

station

sínek

rails

vonat

trein

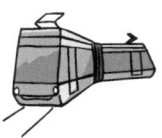

villamos

tram

vagon

wagon

helikopter
helikopter

repülőtér
luchthaven

torony
toren

utas
passagier

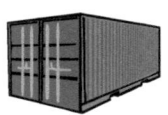

konténer
container

kartondoboz
verhuisdoos

taliga
kar

kosár
mand

felszáll / leszáll
opstijgen / landen

város

stad

falu
dorp

városközpont
stadscentrum

ház
huis

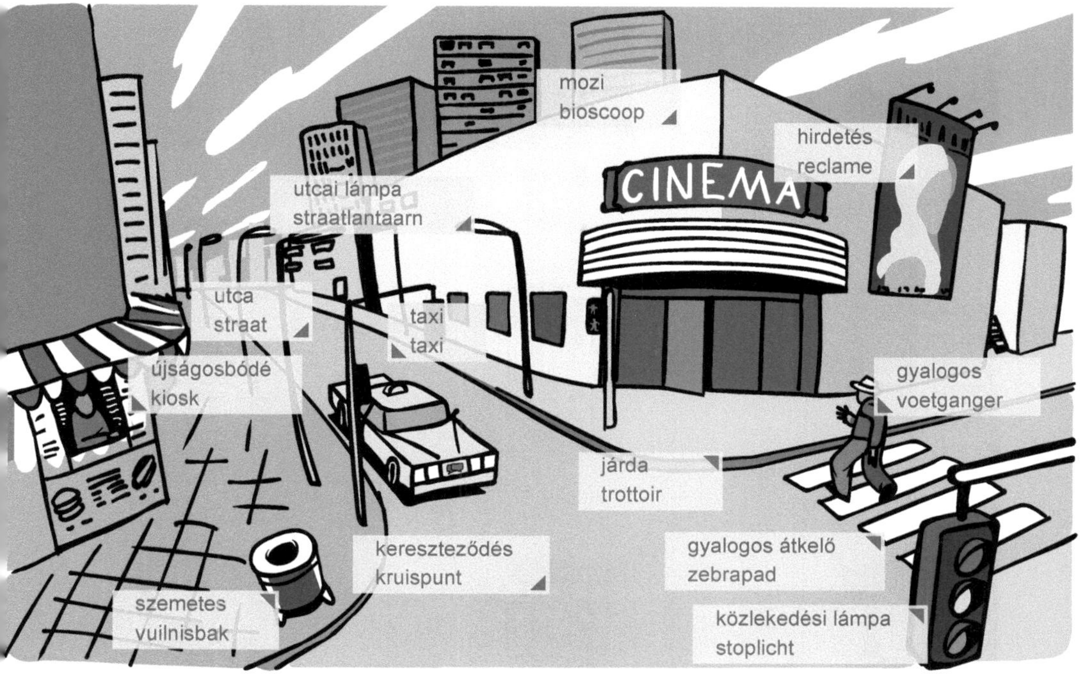
mozi
bioscoop
hirdetés
reclame
CINEMA
utcai lámpa
straatlantaarn
utca
straat
taxi
taxi
újságosbódé
kiosk
gyalogos
voetganger
járda
trottoir
kereszteződés
kruispunt
gyalogos átkelő
zebrapad
szemetes
vuilnisbak
közlekedési lámpa
stoplicht

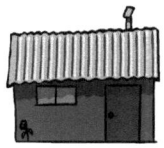

kunyhó

hut

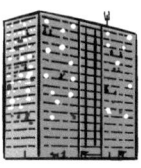

lakás

appartement

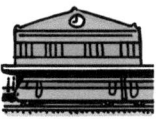

vonatállomás

station

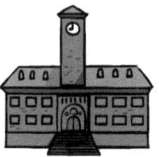

városháza

stadhuis

MUSEUM

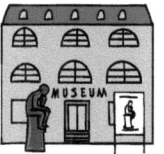

múzeum

museum

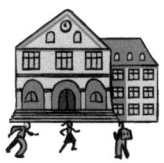

iskola

school

egyetem

universiteit

bank

bank

kórház

ziekenhuis

hotel

hotel

gyógyszertár

apotheek

iroda

kantoor

könyvesbolt

boekenwinkel

üzlet

winkel

virágüzlet

bloemenwinkel

szupermarket

supermarkt

piac

markt

áruház

warenhuis

halárus

visboer

bevásárló központ

winkelcentrum

kikötő

haven

park
park

pad
bank

híd
brug

lépcső
trap

metró
metro

alagút
tunnel

buszmegálló
bushalte

bár
bar

étterem
restaurant

postaláda
brievenbus

utcatábla
straatnaambord

parkoló óra
parkeermeter

állatkert
dierentuin

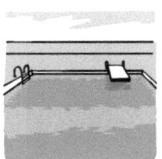

uszoda
zwembad

mecset
moskee

gazdálkodás
boerderij

környezetszennyezés
vervuiling

temető
begraafplaats

templom
kerk

játszótér
speelplaats

szentély
tempel

táj
landschap

levél
blad

útjelző tábla
wegwijzer

út
weg

rét
weide

kő
steen

túrázó
wandelaar

fa
boom

folyó
rivier

fű
gras

virág
bloem

völgy
vallei

domb
berg

tó
meer

erdö
bos

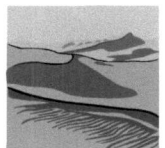

sivatag
woestijn

vulkán
vulkaan

kastély
kasteel

szivárvány
regenboog

gomba
paddenstoel

pálmafa
palmboom

szúnyog
mug

légy
vlieg

hangya
mier

méhecske
bij

pók
spin

táj - landschap

bogár

kever

béka

kikker

mókus

eekhoorn

sündisznó

egel

nyúl

haas

bagoly

uil

madár

vogel

hattyú

zwaan

vaddisznó

wild zwijn

szarvas

hert

rénszarvas

eland

gát

stuwdam

szélturbina

windmolen

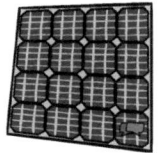

napelem

zonnepaneel

éghajlat

klimaat

étterem
restaurant

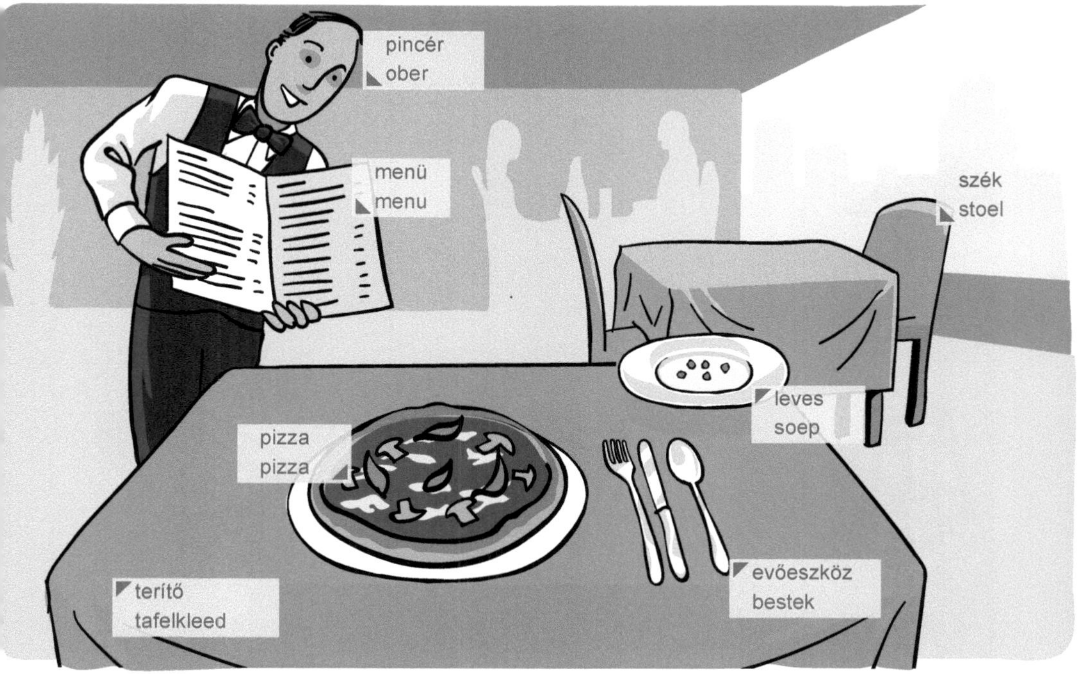

pincér
ober
menü
menu
szék
stoel
leves
soep
pizza
pizza
terítő
tafelkleed
evőeszköz
bestek

előétel

voorgerecht

főétel

hoofdgerecht

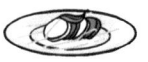

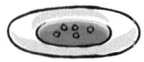

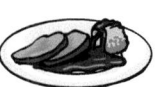

desszert

toetje

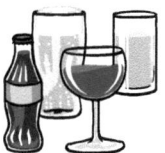

italok

dranken

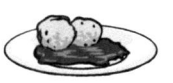

étel

eten

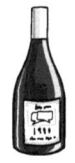

üveg

fles

gyorsétel

fastfood

gyorsétel

eetkraampje

teás kanna

theepot

cukortartó

suikerpot

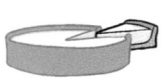

adag

portie

eszpresszógép

espressomachine

bárszék

kinderstoel

számla

rekening

tálca

dienblad

kés

mes

villa

vork

kanál

lepel

teáskanál

theelepel

szalvéta

servet

pohár

glas

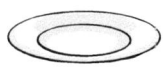

tányér
bord

leveses tányér
soepbord

csészealj
schotel

szósz
saus

sószóró
zoutvaatje

borsőrlő
pepermolen

ecet
azijn

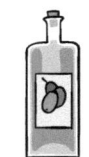

étkezési olaj
olie

fűszerek
kruiden

ketchup
ketchup

mustár
mosterd

majonéz
mayonaise

szupermarket
supermarkt

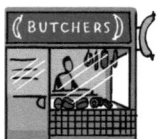

különleges ajánlat
aanbieding
ügyfél
klant
tejtermék
zuivelproducten
gyümölcsök
fruit
bevásárló kocsi
winkelwagen
FOR

BUTCHERS

hentes

slager

BAKERY

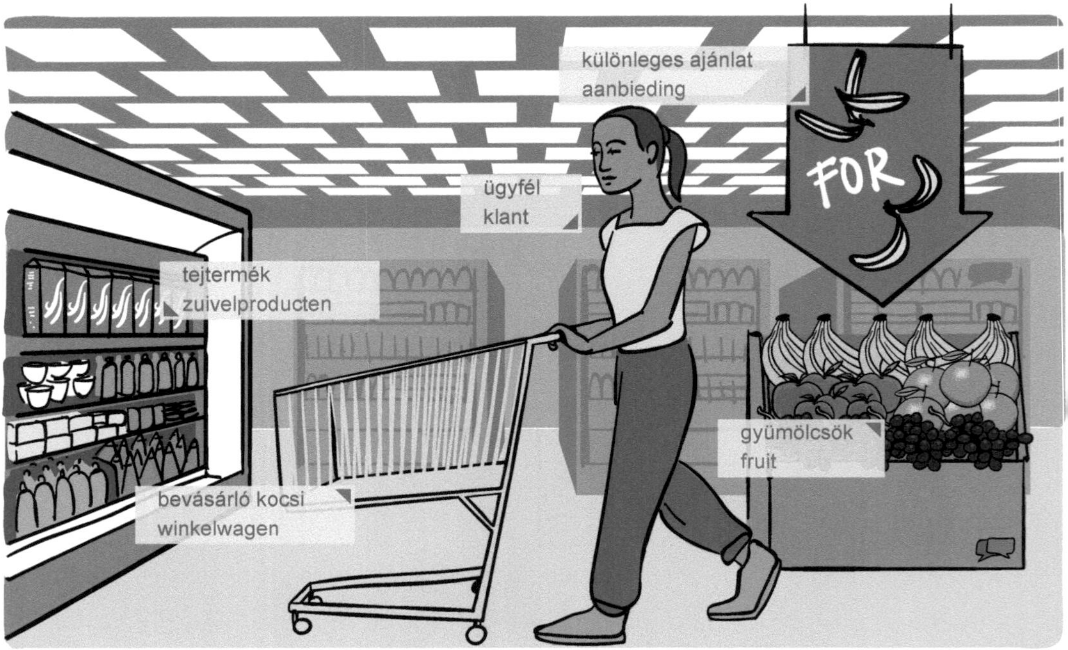

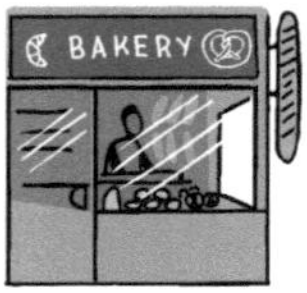

pékség

bakkerij

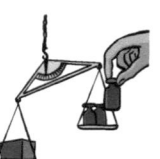

nyom valamennyit

wegen

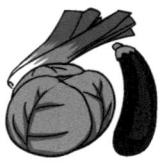

zöldség

groente

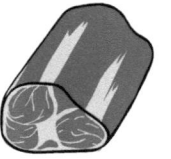

hús

vlees

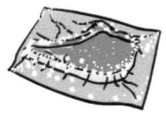

fagyasztott áru

diepvriesproducten

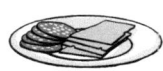

felvágott
vleeswaren

konzerv
conserven

mosópor
wasmiddel

édességek
snoepgoed

háztartási termék
huishoudelijke artikelen

tisztítószerek
schoonmaakmiddel

eladó
verkoopster

pénztárgép
kassa

eladó
kassier

bevásárló lista
boodschappenlijstje

nyitva tartás
openingstijden

levéltárca
portefeuille

hitelkártya
creditkaart

zacskó
tas

műanyag zacskó
plastic zak

víz
water

gyümölcslé
sap

tej
melk

kóla
cola

bor
wijn

sör
bier

alkohol
alcohol

kakaó
chocolademelk

tea
thee

kávé
koffie

eszpresszó
espresso

kapucsínó
cappuccino

banán

banaan

alma

appel

narancs

sinaasappel

sárgadinnye

watermeloen

citrom

citroen

sárgarépa

wortel

fokhagyma

knoflook

bambusz

bamboe

hagyma

ui

gomba

paddenstoel

magvak

noten

nokedli

pasta

spagetti
....
spaghetti

rizs
....
rijst

saláta
....
salade

sült krumpli
....
friet

sült burgonya
....
gebakken aardappelen

pizza
....
pizza

hamburger
....
hamburger

szendvics
....
sandwich

hússzelet
....
schnitzel

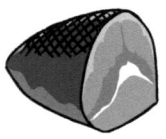

sonka
....
ham

szalámi
....
salami

kolbász
....
worst

csirke
....
kip

pecsenye
....
gebraad

hal
....
vis

zabkása

havermout

müzli

muesli

kukoricapehely

cornflakes

liszt

meel

croissant

croissant

zsemle

broodjes

kenyér

brood

pirítós kenyér

toast

keksz

koekjes

vaj

boter

túró

kwark

sütemény

taart

tojás

ei

tükörtojás

gebakken ei

sajt

kaas

jégkrém

ijs

cukor

suiker

méz

honing

lekvár

jam

mogyorókrém

chocoladepasta

curry

kerrie

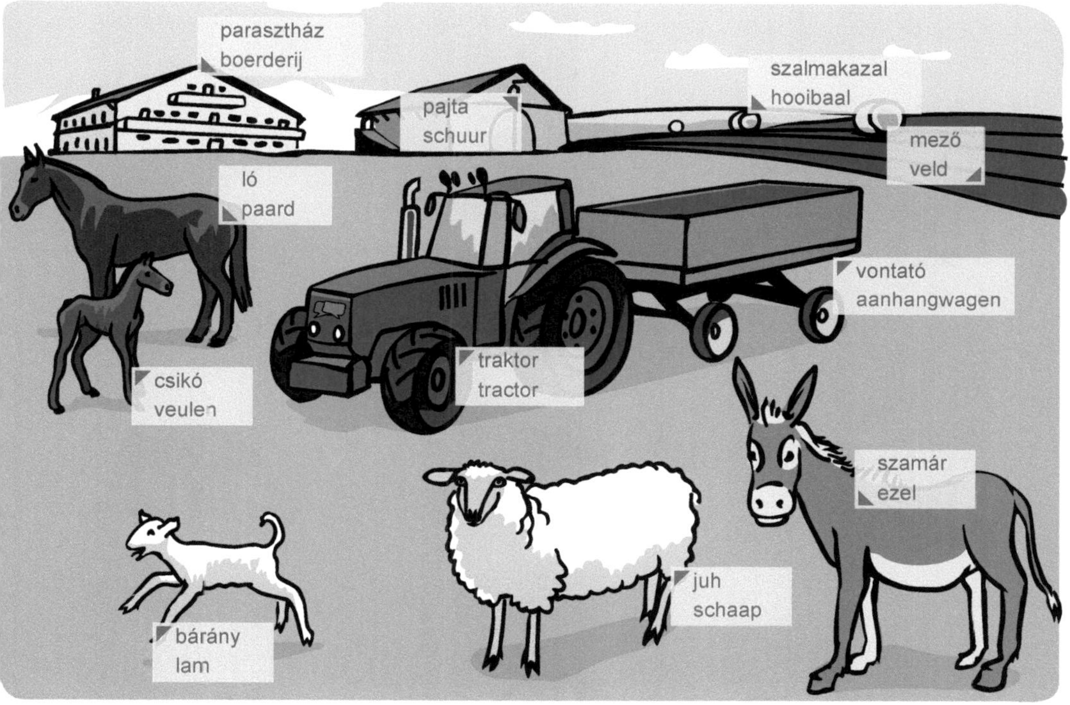

parasztház
boerderij

szalmakazal
hooibaal

pajta
schuur

mező
veld

ló
paard

vontató
aanhangwagen

traktor
tractor

csikó
veulen

szamár
ezel

juh
schaap

bárány
lam

kecske

geit

tehén

koe

borjú

kalf

malac

varken

kismalac

big

bika

stier

liba

gans

kacsa

eend

csibe

kuiken

tojó

kip

kakas

haan

patkány

rat

macska

kat

egér

muis

ökör

os

kutya

hond

kutyaház

hondenhok

kerti öntözőcső

tuinslang

öntözőkanna

gieter

kasza

zeis

eke

ploeg

sarló	kapa	vasvilla
sikkel	schoffel	hooivork
		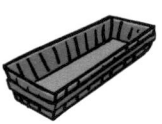
fejsze	talicska	teknő
bijl	kruiwagen	trog
		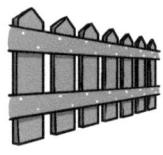
tejes kancsó	zsák	kerítés
melkbus	zak	hek
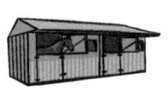	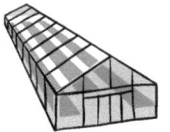	
istálló	üvegház	talaj
stal	broeikas	grond
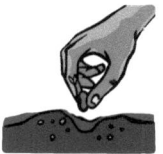		
vetőmag	trágya	cséplőgép
zaad	mest	maaidorser

szüretelni

oogsten

betakarítás

oogst

yamgyökér

yam

búza

tarwe

szója

soja

burgonya

aardappel

kukorica

maïs

repcemag

koolzaad

gyümölcsfa

fruitboom

manióka

maniok

gabona

granen

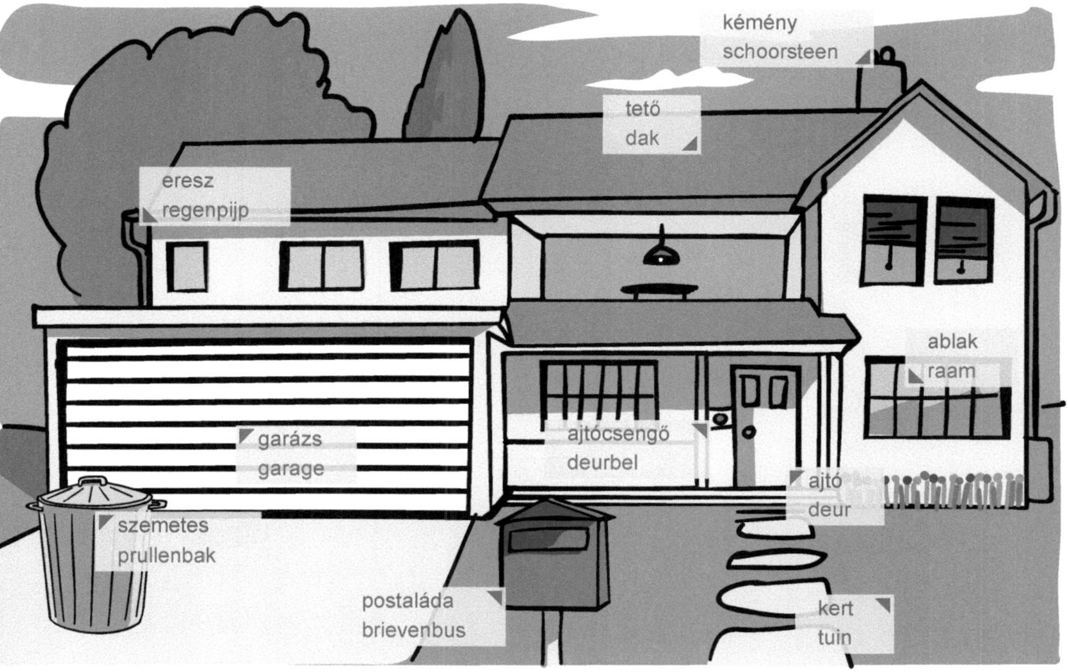

kémény
schoorsteen

tető
dak

eresz
regenpijp

ablak
raam

garázs
garage

ajtócsengő
deurbel

ajtó
deur

szemetes
prullenbak

postaláda
brievenbus

kert
tuin

nappali

woonkamer

fürdőszoba

badkamer

konyha

keuken

hálószoba

slaapkamer

gyerekszoba

kinderkamer

ebédlő

eetkamer

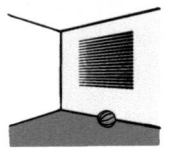

padló
vloer

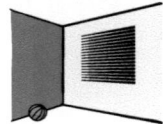

fal
muur

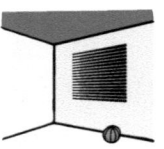

plafon
plafond

pince
kelder

szauna
sauna

erkély
balkon

terasz
terras

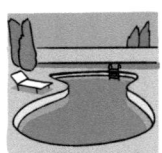

medence
zwembad

fűnyíró
grasmaaier

lepedő
laken

ágytakaró
bedsprei

ágy
bed

seprű
bezem

vödör
emmer

kapcsoló
schakelaar

nappali
woonkamer

tapéta
behang
kép
foto
lámpa
lamp
polc
plank
szekrény
kast
televízió
televisie
kandalló
open haard
virág
bloem
párna
kussen
kanapé
bankstel
váza
vaas
távirányító
afstandsbediening

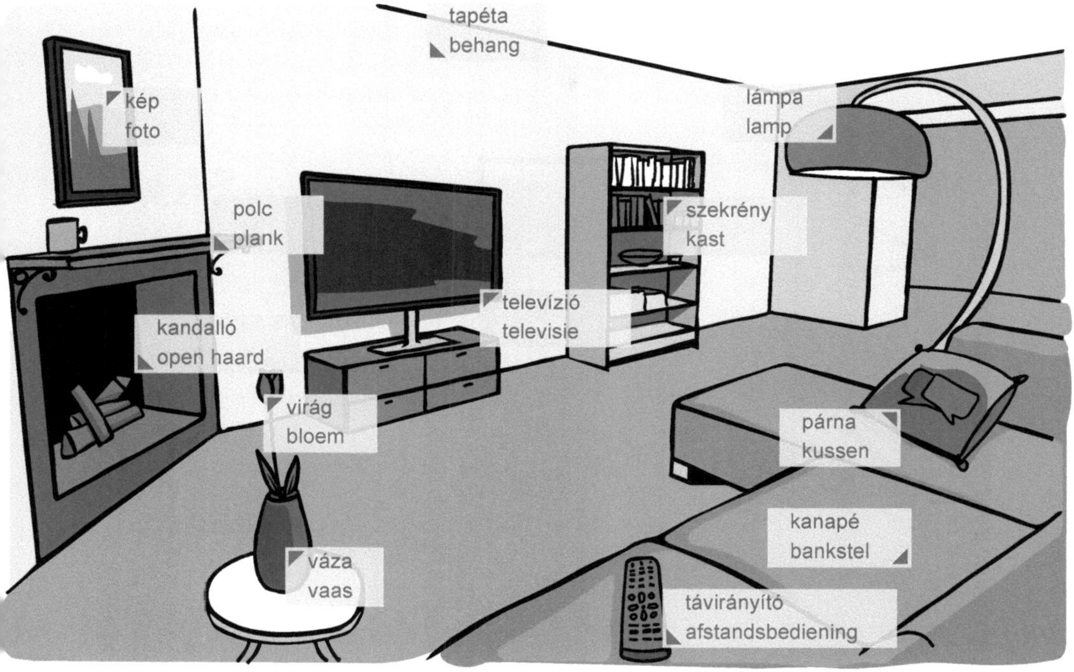

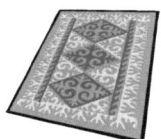

szőnyeg
tapijt

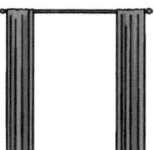

függöny
gordijn

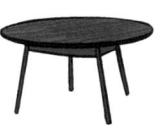

asztal
tafel

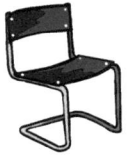

szék
stoel

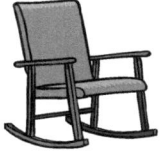

hintaszék
schommelstoel

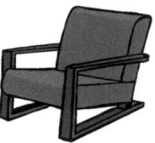

karosszék
stoel

könyv

boek

takaró

deken

dekoráció

decoratie

tűzifa

brandhout

film

film

hifi

stereo-installatie

kulcs

sleutel

újság

krant

festmény

schilderij

poszter

poster

rádió

radio

jegyzetfüzet

kladblok

porszívó

stofzuiger

kaktusz

cactus

gyertya

kaars

konyha
keuken

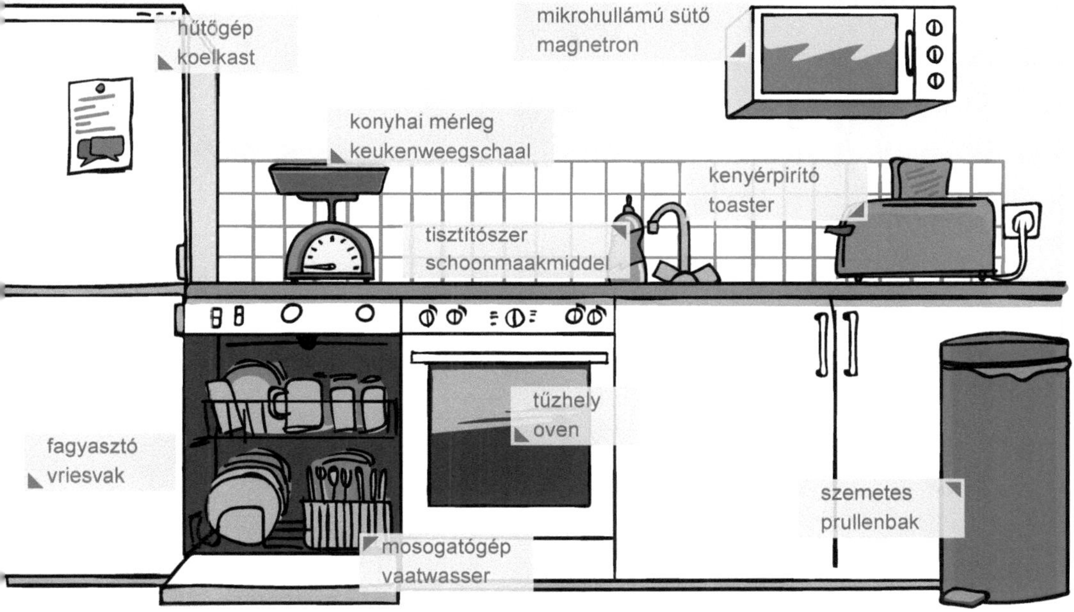
hűtőgép
koelkast
mikrohullámú sütő
magnetron
konyhai mérleg
keukenweegschaal
kenyérpirító
toaster
tisztítószer
schoonmaakmiddel
tűzhely
oven
fagyasztó
vriesvak
szemetes
prullenbak
mosogatógép
vaatwasser

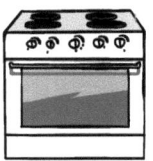

tűzhely

fornuis

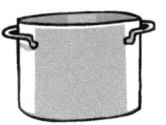

edény

pan

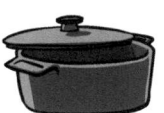

vasfazék

gietijzeren pan

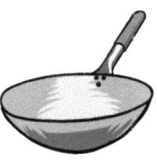

wok / kadai

wok / kadai

serpenyő

koekenpan

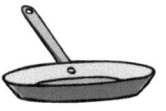

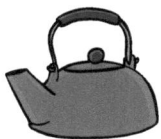

vízforraló

ketel

páró
stoomkoker

tepsi
bakplaat

étkészlet
servies

bögre
beker

tálka
kom

evőpálcika
eetstokjes

merőkanál
soeplepel

keverőlapátka
spatel

habverő
garde

szűrő
vergiet

szita
zeef

reszelő
rasp

mozsár
vijzel

grillsütő
barbecue

kandalló
vuurhaard

vágódeszka

snijplank

sodrófa

deegroller

dugóhúzó

kurkentrekker

doboz

blik

konzervnyitó

blikopener

edényfogó

pannenlap

mosogató

wasbak

kefe

borstel

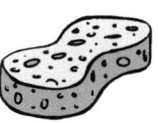

szivacs

spons

turmixgép

blender

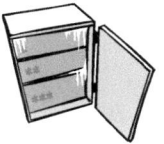

mélyhűtő

vriezer

cumisüveg

babyflesje

csap

kraan

fürdőszoba
badkamer

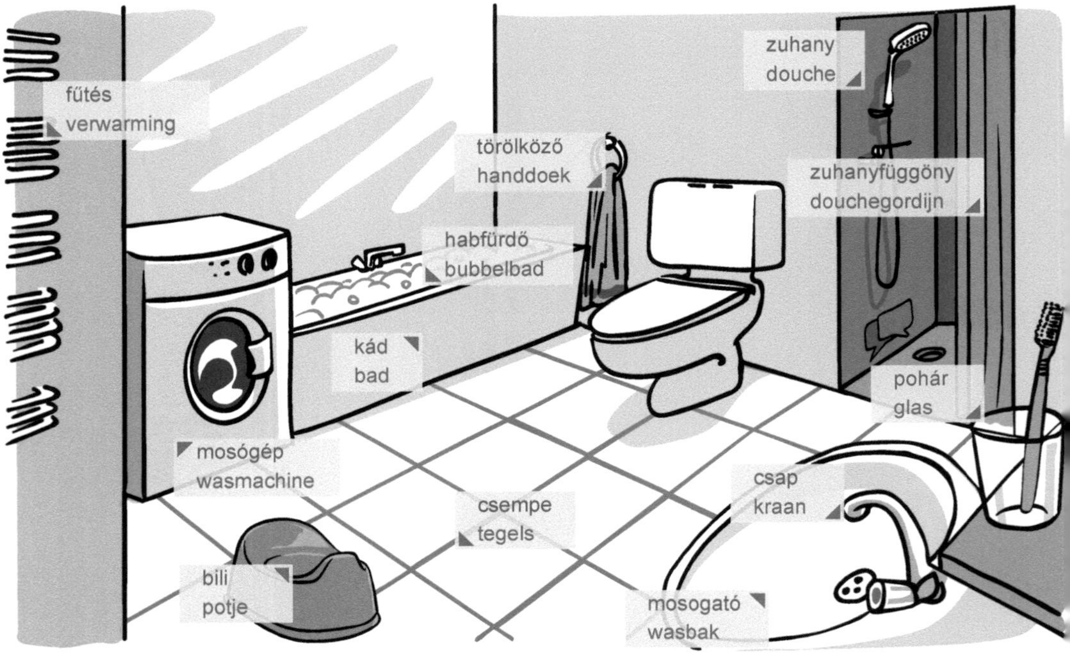

zuhany
douche
fűtés
verwarming
törölköző
handdoek
zuhanyfüggöny
douchegordijn
habfürdő
bubbelbad
kád
bad
pohár
glas
mosógép
wasmachine
csap
kraan
csempe
tegels
bili
potje
mosogató
wasbak

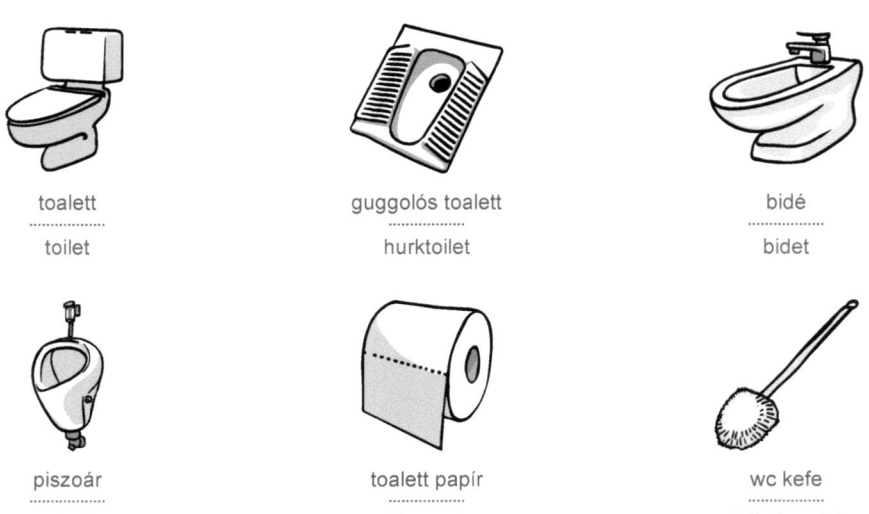

toalett
toilet

guggolós toalett
hurktoilet

bidé
bidet

piszoár
urinoir

toalett papír
toiletpapier

wc kefe
toiletborstel

fogkefe

tandenborstel

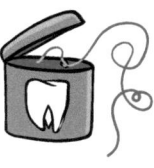

fogkrém

tandpasta

fogselyem

flosdraad

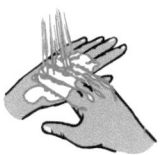

mosni

wassen

kézi zuhany

handdouche

intimzuhany

toiletdouche

mosdótál

waskom

hátmosó kefe

rugborstel

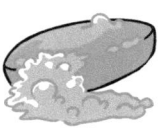

szappan

zeep

tusfürdő

douchegel

sampon

shampoo

mosdókesztyű

washanje

lefolyó

afvoer

krém

creme

dezodor

deodorant

tükör

spiegel

kézitükör

make-upspiegel

borotva

scheermes

borotvahab

scheerschuim

borotválkozás utáni
arcszesz
aftershave

fésű

kam

hajkefe

borstel

hajszárító

haardroger

hajlakk

haarspray

smink

make-up

ajakrúzs

lippenstift

körömlakk

nagellak

vatta

watten

körömvágó olló

nagelschaartje

parfüm

parfum

neszesszer

toilettas

sámli

kruk

mérleg

weegschaal

köntös

badjas

gumikesztyű

rubber handschoenen

tampon

tampon

egészségügyi betét

maandverband

vegyi WC

chemisch toilet

gyerekszoba
kinderkamer

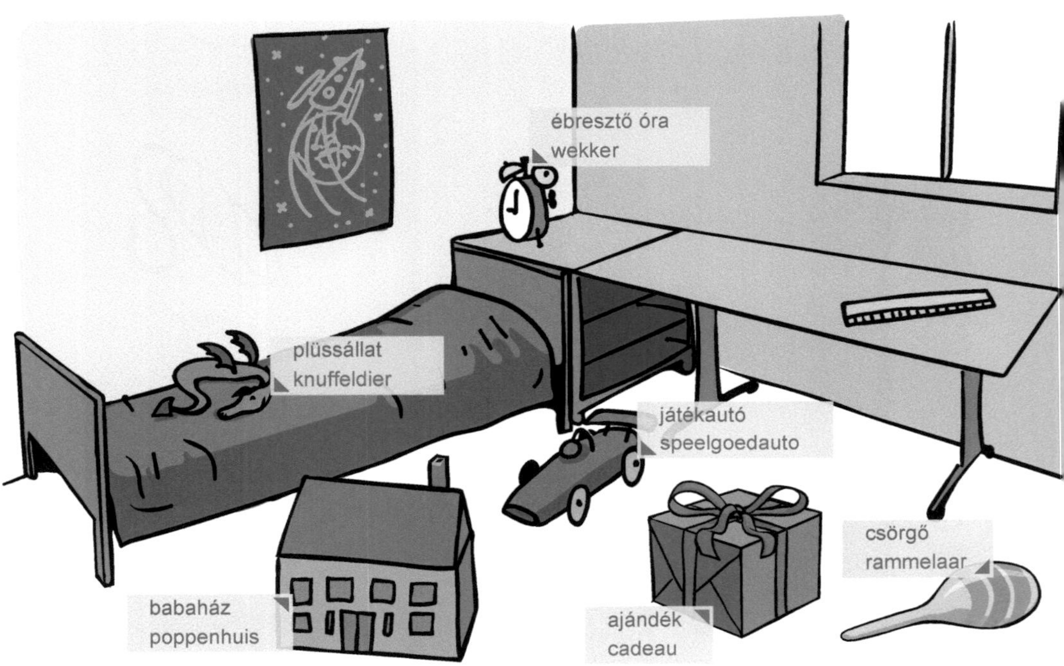
ébresztő óra
wekker
plüssállat
knuffeldier
játékautó
speelgoedauto
csörgő
rammelaar
babaház
poppenhuis
ajándék
cadeau

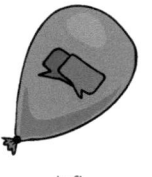

lufi

ballon

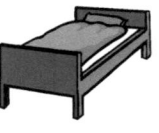

ágy

bed

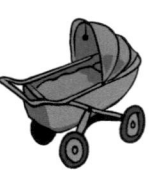

babakocsi

kinderwagen

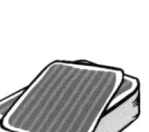

kártyapakli

kaartspel

kirakós játék

puzzel

SUPER
MEGA

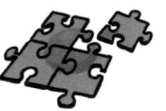

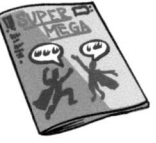

képregény

stripverhaal

építőkockák

legostenen

építőelem

speelgoedblokken

szuperhős

actiefiguurtje

rugdalózó

romper

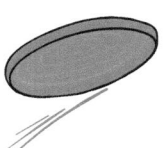

frizbi

frisbee

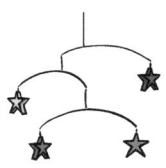

zenélő forgó

mobile

társasjáték

bordspel

kocka

dobbelsteen

modellvasút

modeltrein

cumi

speen

zsúr

feestje

képeskönyv

prentenboek

labda

bal

baba

pop

játszani

spelen

homokozó

zandbak

hinta

schommel

játékok

speelgoed

videójáték konzol

spelcomputer

tricikli

driewieler

teddi maci

teddybeer

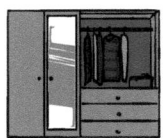

ruhásszekrény

kleerkast

ruházat
kleding

zokni

sokken

harisnya

kousen

harisnyanadrág

panty

sál
sjaal

esernyő
paraplu

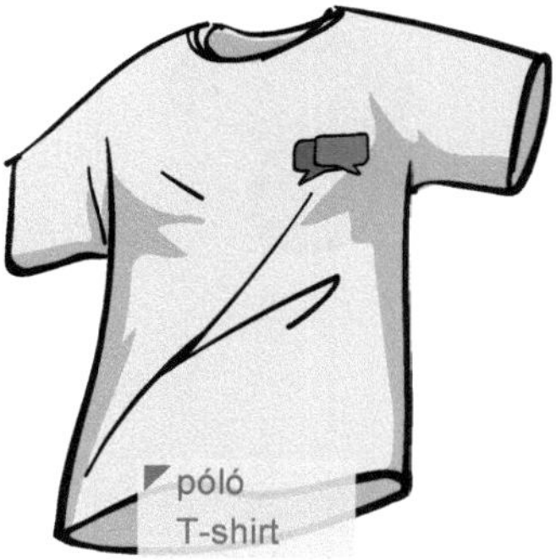

póló
T-shirt

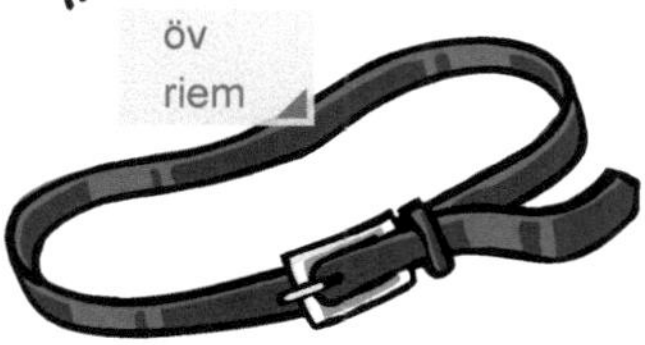

öv
riem

csizma
laarzen

papucs
pantoffels

tornacipő
sportschoenen

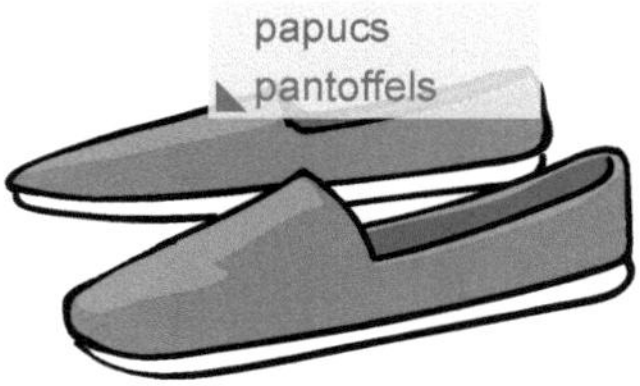

szandál
sandalen

cipő
schoenen

gumicsizma
rubberlaarzen

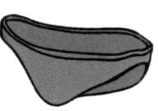
alsónadrág
onderbroek

melltartó
beha

mellény
onderhemd

body
body

nadrág
broek

farmer
spijkerbroek

szoknya
rok

blúz
blouse

ing
overhemd

pulóver
trui

kapucnis pulóver
hoody

blézer
blazer

dzseki
jas

kabát
mantel

esőkabát
regenjas

kosztüm
kostuum

ruha
jurk

esküvői ruha
trouwjurk

öltöny

pak

hálóing

nachthemd

pizsama

pyjama

szári

sari

fejkendő

hoofddoek

turbán

tulband

burka

boerka

kaftán

kaftan

abaya

abaja

fürdőruha

zwempak

fürdőnadrág

zwembroek

rövidnadrág

korte broek

tréningruha

trainingspak

kötény

schort

kesztyű

handschoenen

gomb

knoop

szemüveg

bril

karkötő

armband

nyaklánc

ketting

gyűrű

ring

fülbevaló

oorbel

sapka

pet

vállfa

kledinghanger

kalap

hoed

nyakkendő

stropdas

cipzár

rits

bukósisak

helm

nadrágtartó

bretels

iskolai egyenruha

schooluniform

egyenruha

uniform

előke
slabbetje

cumi
speen

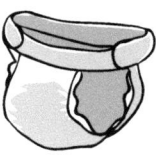

pelenka
luier

iroda
kantoor

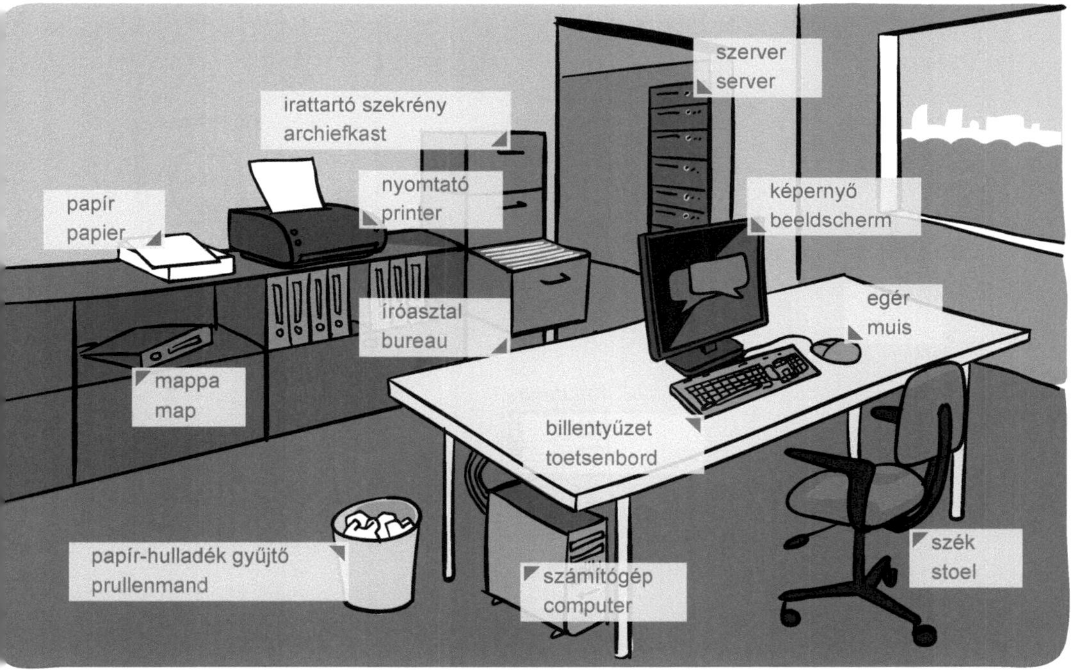

szerver
server

irattartó szekrény
archiefkast

nyomtató
printer

papír
papier

képernyő
beeldscherm

íróasztal
bureau

egér
muis

mappa
map

billentyűzet
toetsenbord

papír-hulladék gyűjtő
prullenmand

szék
stoel

számítógép
computer

kávéscsésze
koffiemok

számológép
rekenmachine

internet
internet

laptop
laptop

levél
brief

üzenet
bericht

mobiltelefon
mobiele telefoon

hálózat
netwerk

fénymásoló
kopieermachine

szoftver
software

telefon
telefoon

konnektor
stopcontact

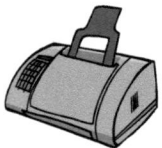

faxgép
fax

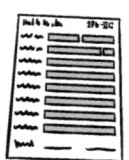

formanyomtatvány
formulier

dokumentum
document

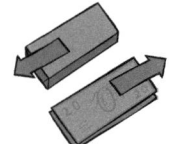

venni
kopen

fizetni
betalen

kereskedni
handel drijven

pénz
geld

USD

dollár
dollar

EUR

euró
euro

JPY

jen
yen

RUB

rubel
roebel

CHF

svájci frank
Zwitserse frank

CNY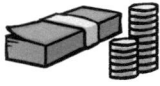

kínai jüan
renminbi yuan

INR

rúpia
roepie

bankautomata
geldautomaat

valutaváltó iroda

wisselkantoor

arany

goud

ezüst

zilver

olaj

olie

energia

energie

ár

prijs

szerződés

contract

adó

belasting

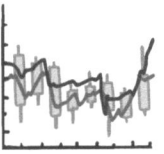

részvény

aandeel

dolgozni

werken

munkavállaló

werknemer

munkaadó

werkgever

gyár

fabriek

üzlet

winkel

foglalkozások
beroepen

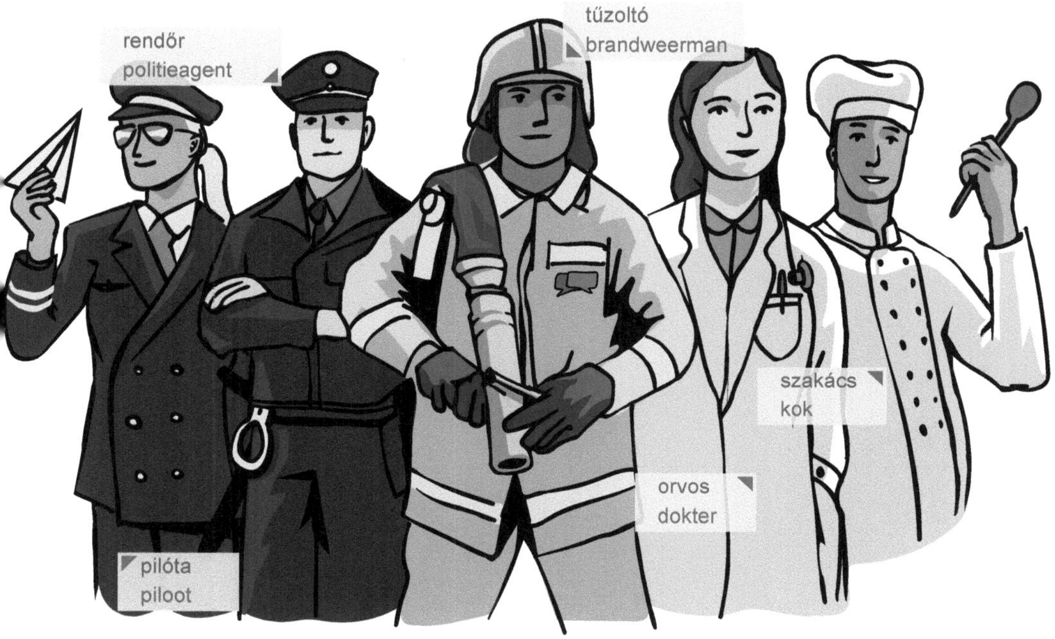

tűzoltó
brandweerman
rendőr
politieagent
szakács
kok
orvos
dokter
pilóta
piloot

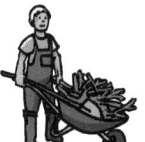

kertész

tuinman

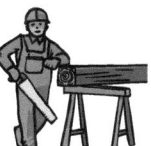

kárpitos

timmerman

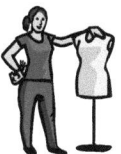

varrónő

naaister

bíró

rechter

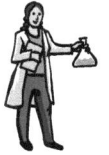

vegyész

scheikundige

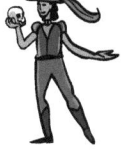

színész

toneelspeler

buszsofőr

buschauffeur

taxisofőr

taxichauffeur

halász

visser

bejárónő

schoonmaakster

tetőfedő

dakdekker

pincér

ober

vadász

jager

festő

schilder

pék

bakker

villanyszerelő

elektricien

építőmunkás

bouwvakker

mérnök

ingenieur

hentes

slager

vízvezeték-szerelő

loodgieter

postás

postbode

katona

soldaat

építész

architect

eladó

kassier

virágos

bloemist

fodrász

kapper

kalauz

conducteur

műszerész

monteur

kapitány

kapitein

fogorvos

tandarts

tudós

wetenschapper

rabbi

rabbi

imám

imam

szerzetes

monnik

lelkész

pastoor

szerszámok
gereedschap

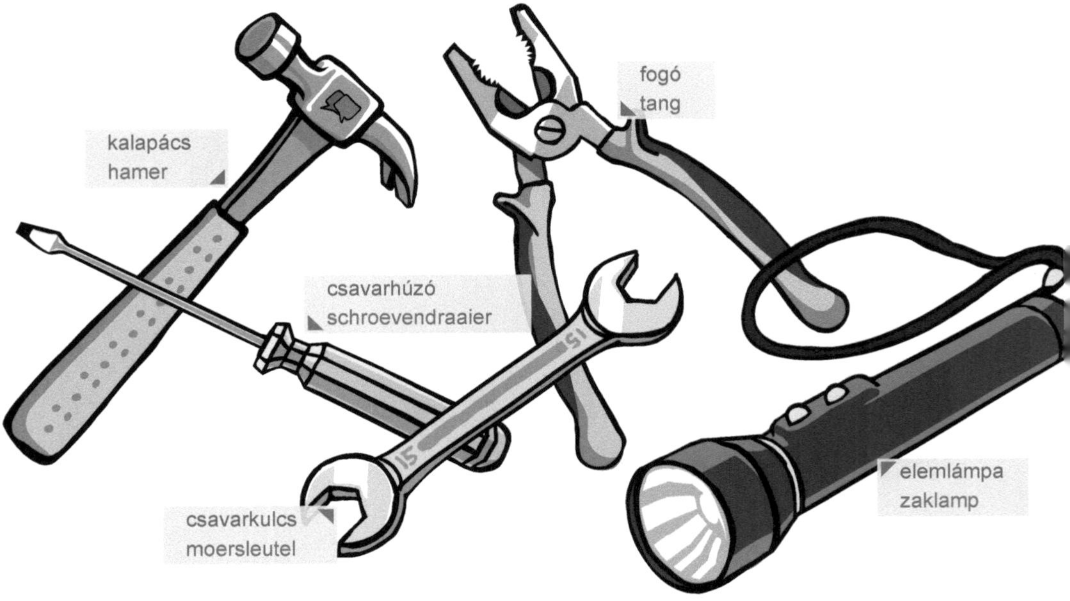

fogó
tang
kalapács
hamer
csavarhúzó
schroevendraaier
elemlámpa
zaklamp
csavarkulcs
moersleutel

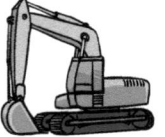

markológép

graafmachine

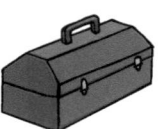

szerszámosláda

gereedschapskist

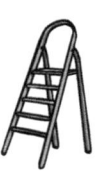

vödör

ladder

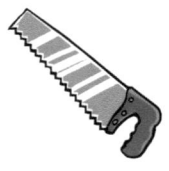

fűrész

zaag

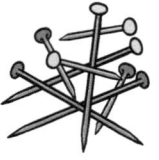

szög

spijkers

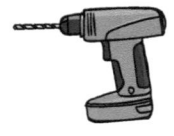

fúrógép

boor

megjavítani

repareren

lapát

schep

A francba!

Verdorie!

szemétlapát

stofblik

festékesdoboz

verfpot

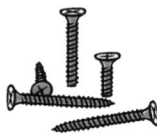

csavar

schroeven

hangszerek
muziekinstrumenten

hangszóró
luidspreker

dobfelszerelés
drumstel

gitár
gitaar

nagybőgő
contrabas

trombita
trompet

zongora

piano

hegedű

viool

basszusgitár

bas

üstdob

pauk

dobok

trommel

digitális zongora

keyboard

szaxofon

saxofoon

fuvola

fluit

mikrofon

microfoon

állatkert
dierentuin

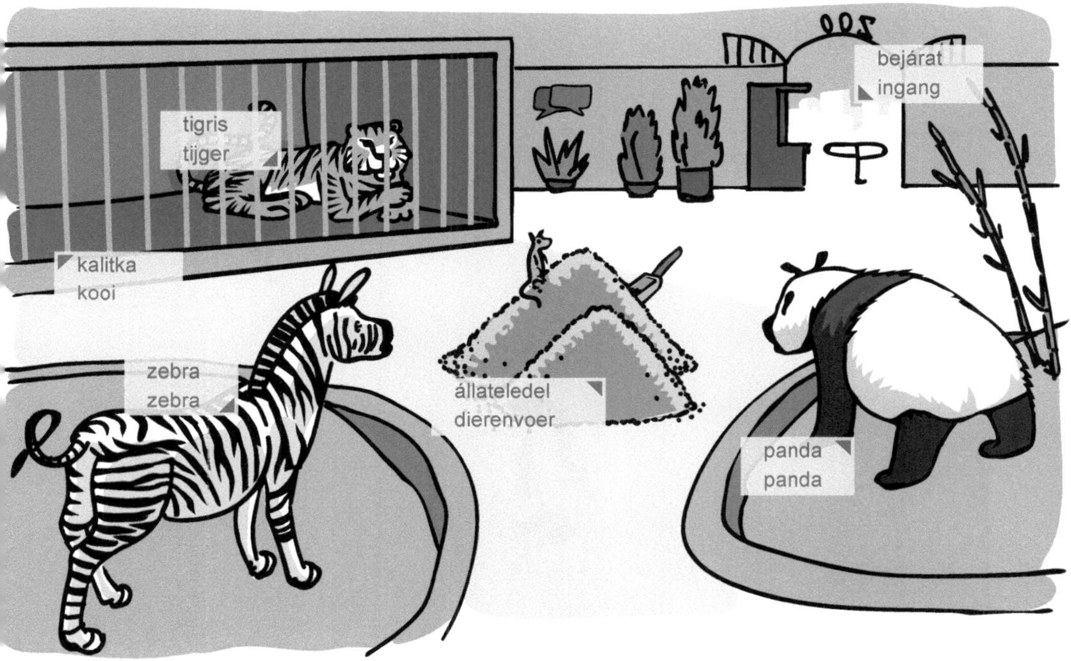

tigris
tijger
bejárat
ingang
kalitka
kooi
zebra
zebra
állateledel
dierenvoer
panda
panda

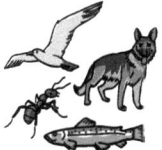

állatok

dieren

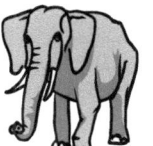

elefánt

olifant

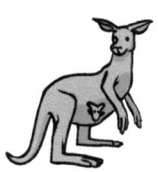

kenguru

kangoeroe

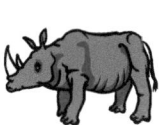

orrszarvú

neushoorn

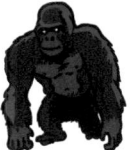

gorilla

gorilla

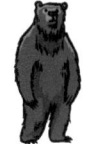

medve

beer

teve

kameel

strucc

struisvogel

oroszlán

leeuw

majom

aap

flamingó

flamingo

papagáj

papegaai

jegesmedve

ijsbeer

pingvin

pinguïn

cápa

haai

páva

pauw

kígyó

slang

krokodil

krokodil

állatgondozó

dierenverzorger

fóka

zeehond

jaguár

jaguar

állatkert - dierentuin

póniló

pony

leopárd

luipaard

víziló

nijlpaard

zsiráf

giraffe

sas

adelaar

vaddisznó

wild zwijn

hal

vis

teknős

schildpad

rozmár

walrus

róka

vos

gazella

gazelle

amerikai futball
American football

kerékpározás
wielrennen

tenisz
tennis

kosárlabda
basketbal

úszás
zwemmen

boksz
boksen

jégkorong
ijshockey

futball
voetbal

tollas
badminton

atlétika
atletiek

kézilabda
handbal

síelés
skiën

lovaspóló
polo

nevetni
lachen

ugrani
springen

ölelni
knuffelen

sétálni
lopen

énekelni
zingen

álmodni
dromen

dicsérni
bidden

csókolni
kussen

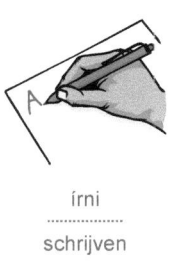

írni
schrijven

rajzolni
tekenen

mutatni
tonen

tolni
duwen

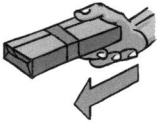

adni
geven

vinni
oppakken

birtokolni

hebben

csinálni

doen

lenni

zijn

állni

staan

futni

rennen

húzni

trekken

hajít

gooien

esni

vallen

hazudni

liggen

várni

wachten

vinni

dragen

ülni

zitten

felvenni

aankleden

aludni

slapen

felébredni

wakker worden

ránézni

bekijken

sírni

huilen

simogat

strelen

fésülni

kammen

beszélni

praten

megérteni

begrijpen

kérdezni

vragen

hallgatni

horen

inni

drinken

enni

eten

takarítani

opruimen

szeretni

houden van

főzni

koken

vezetni

rijden

szállni

vliegen

vitorlázni

zeilen

számol

rekenen

olvasni

lezen

tanulni

leren

dolgozni

werken

házasodni

trouwen

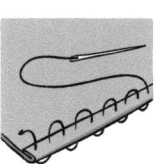

varrni

naaien

fogat mosni

tandenpoetsen

ölni

doden

dohányozni

roken

küldeni

verzenden

nagymama
grootmoeder

nagypapa
grootvader

apa
vader

anya
moeder

kisbaba
baby

lány
dochter

fiú
zoon

vendég

gast

nagynéni

tante

nagybácsi

oom

fiútestvér

broer

lánytestvér

zus

család - familie

test
lichaam

homlok
voorhoofd
szem
oog
váll
schouder
ujj
vinger
arc
gezicht
áll
kin
kéz
hand
láb
been
mell
borst
kar
arm

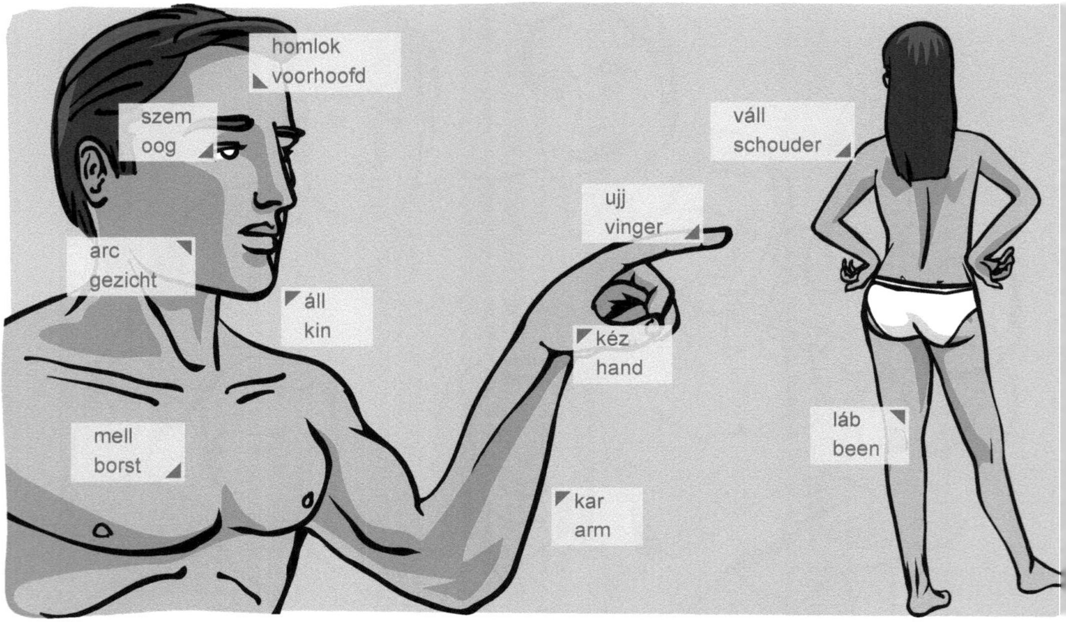

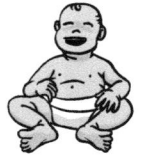

kisbaba

baby

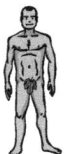

ember

man

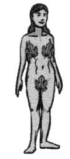

nő

vrouw

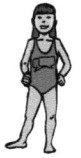

lány

meisje

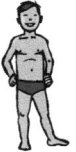

fiú

jongen

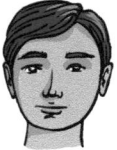

fej

hoofd

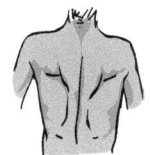

hát
rug

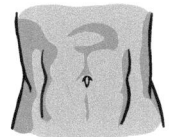

has
buik

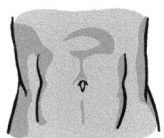

köldök
navel

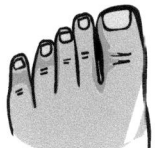

lábujj
teen

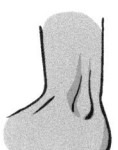

sarok
hiel

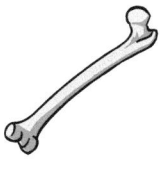

csont
bot

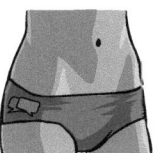

csípő
heup

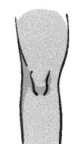

térd
knie

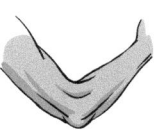

könyök
elleboog

orr
neus

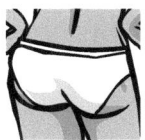

fenék
achterwerk

bőr
huid

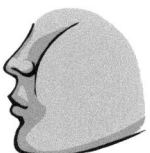

orca
wang

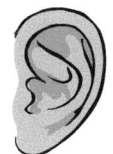

fül
oor

ajak
lippen

száj

mond

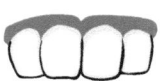

fog

tand

nyelv

tong

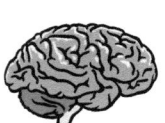

agy

hersenen

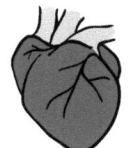

szív

hart

izom

spier

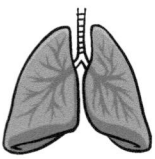

tüdő

long

máj

lever

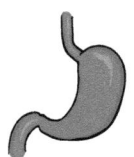

gyomor

maag

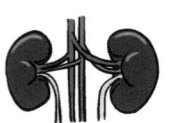

vese

nieren

szex

geslachtsgemeenschap

kondom

condoom

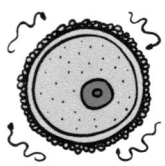

petesejt

eicel

sperma

sperma

terhesség

zwangerschap

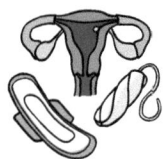

menstruáció

menstruatie

vagina

vagina

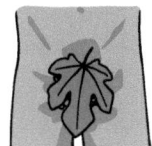

pénisz

penis

szemöldök

wenkbrauw

haj

haar

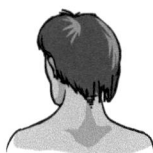

nyak

hals

kórház
ziekenhuis

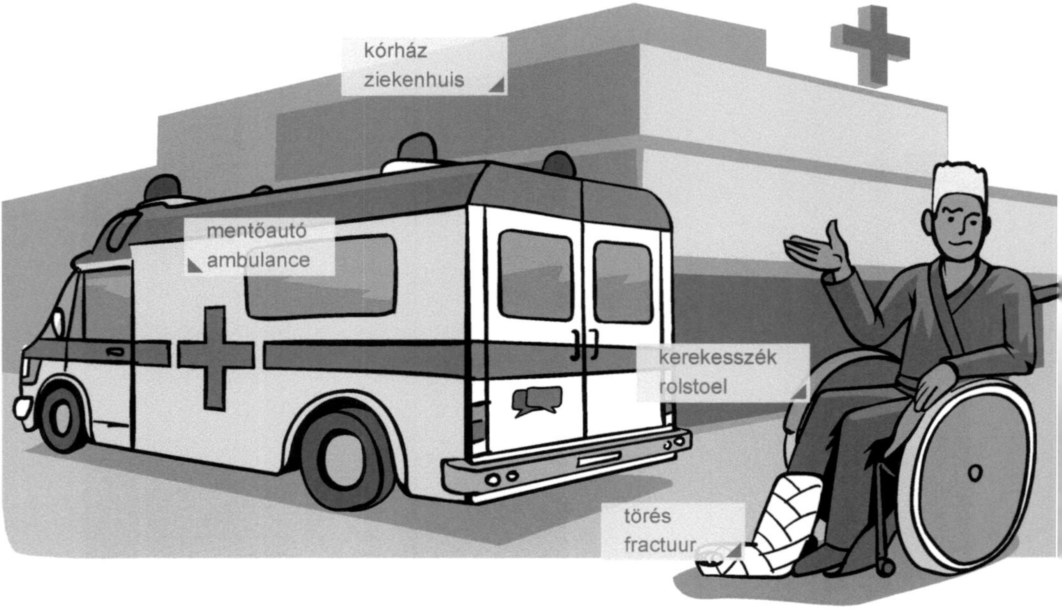

kórház
ziekenhuis
mentőautó
ambulance
kerekesszék
rolstoel
törés
fractuur

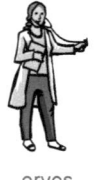

orvos

dokter

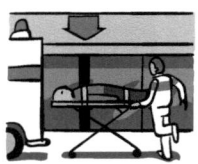

sürgősségi osztály

EHBO

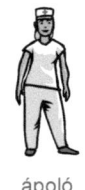

ápoló

verpleegster

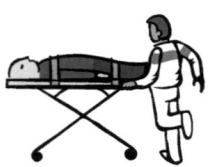

vészhelyzet

noodgeval

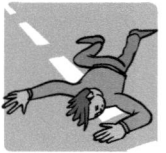

eszméletlen

bewusteloos

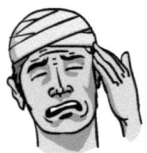

fájdalom

pijn

sérülés

verwonding

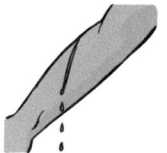

vérzés

bloeding

szívroham

hartaanval

szélütés

beroerte

allergia

allergie

köhögés

hoest

láz

koorts

influenza

griep

hasmenés

diarree

fejfájás

hoofdpijn

rák

kanker

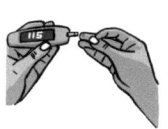

cukorbetegség

diabetes

sebész

chirurg

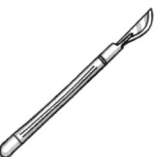

szike

scalpel

műtét

operatie

CT

CT

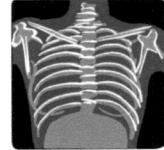

röntgen

röntgen

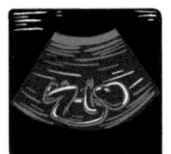

ultrahang

echografie

arcmaszk

gezichtsmasker

betegség

ziekte

váróterem

wachtkamer

mankó

kruk

sebtapasz

pleister

kötszer

verband

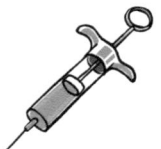

injekció

injectie

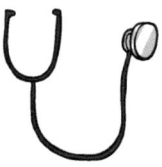

sztetoszkóp

stethoscoop

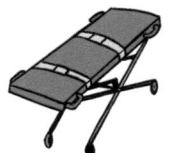

hordágy

brancard

klinikai hőmérő

thermometer

születés

geboorte

túlsúly

overgewicht

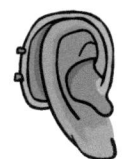

hallókészülék

gehoorapparaat

fertőtlenítőszer

ontsmettingsmiddel

fertőzés

infectie

vírus

virus

HIV/AIDS

HIV / AIDS

orvosság

medicijn

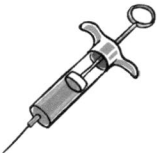

oltás

inenting

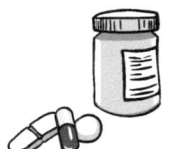

tabletták

tabletten

tabletta

pil

sürgősségi hívás

alarmnummer

vérnyomásmérő

bloeddrukmeter

betegség / egészség

ziek / gezond

Segítség!

Help!

riasztás

alarm

rajtaütés

overval

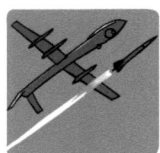

támadás

aanval

veszély

gevaar

vészkijárat

nooduitgang

tűz!

Brand!

tűzoltókészülék

brandblusser

baleset

ongeluk

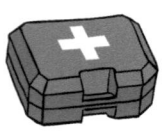

elsősegélycsomag

EHBO-koffer

SOS

SOS

rendőrség

politie

Európa

Europa

Észak-Amerika

Noord-Amerika

Dél-Amerika

Zuid-Amerika

Afrika

Afrika

Ázsia

Azië

Ausztrália

Australië

Atlanti-óceán

Atlantische Oceaan

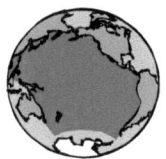

Csendes-óceán

Stille Oceaan

Indiai-óceán

Indische Oceaan

Déli-óceán

Zuidelijke Oceaan

Jeges-tenger

Noordelijke IJszee

Északi-sark

Noordpool

Déli-sark
Zuidpool

Antarktisz
Antarctica

föld
aarde

szárazföld
land

tenger
zee

sziget
eiland

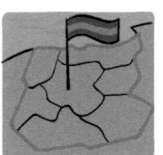

nemzet
natie

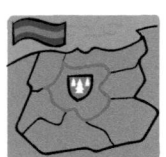

állam
staat

számlap

wijzerplaat

kismutató

uurwijzer

nagymutató

minutenwijzer

másodpercmutató

secondewijzer

Mennyi az idő?

Hoe laat is het?

nap

dag

idő

tijd

most

nu

digitális óra

digitaal horloge

perc

minuut

óra

uur

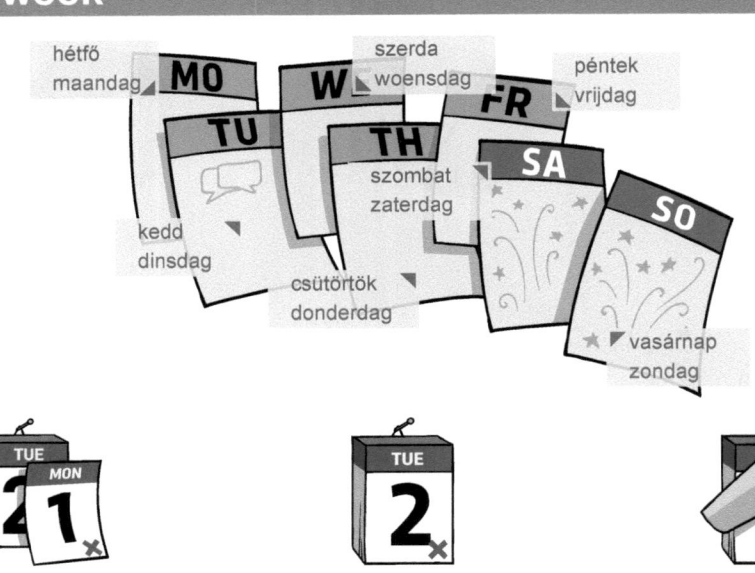

hétfő / maandag — MO

szerda / woensdag — W

péntek / vrijdag — FR

TU

TH

SA

kedd / dinsdag

szombat / zaterdag

SO

csütörtök / donderdag

vasárnap / zondag

tegnap

gisteren

ma

vandaag

holnap

morgen

reggel

ochtend

dél

middag

este

avond

MO	TU	WE	TH	FR	SA	SU
1	2	3	4	5	6	7
8	9	10	11	12	13	14
15	16	17	18	19	20	21
22	23	24	25	26	27	28
29	30	31	1	2	3	4

hétköznap

werkdagen

MO	TU	WE	TH	FR	SA	SU
1	2	3	4	5	6	7
8	9	10	11	12	13	14
15	16	17	18	19	20	21
22	23	24	25	26	27	28
29	30	31	1	2	3	4

hétvége

weekend

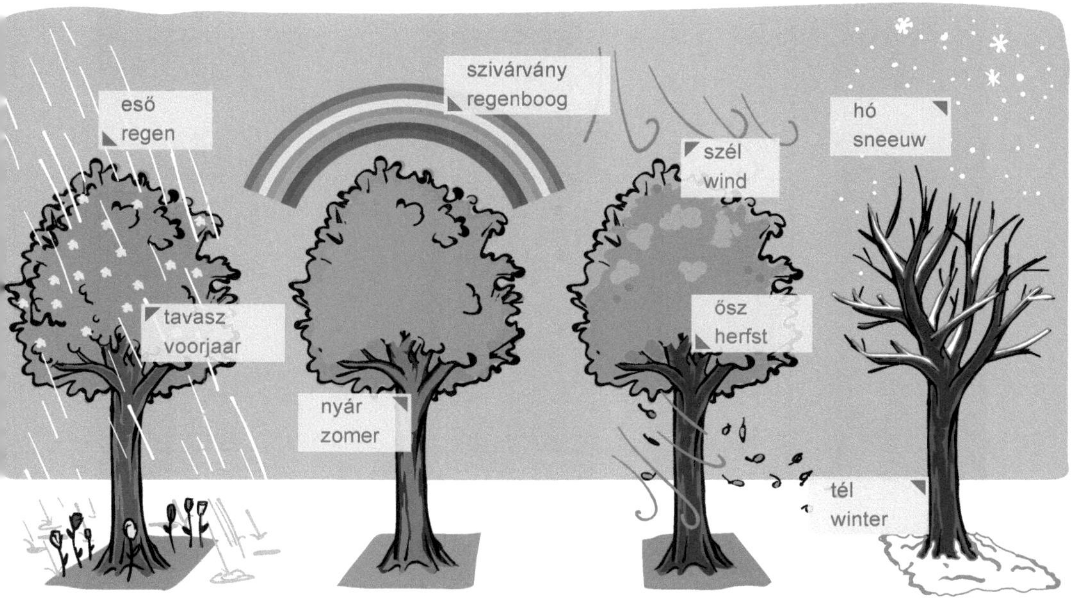

szivárvány
regenboog

eső
regen

szél
wind

hó
sneeuw

tavasz
voorjaar

ősz
herfst

nyár
zomer

tél
winter

4.APRIL	11°	☀
5.APRIL	4°	☁
6.APRIL	13°	☂
7.APRIL	8°	❄
8.APRIL	10°	☀

időjárás előrejelzés

weerbericht

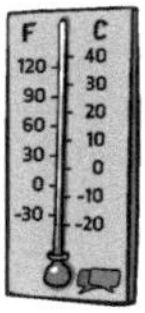

hőmérő

thermometer

napsütés

zonneschijn

felhő

wolk

köd

mist

páratartalom

luchtvochtigheid

villámlás

bliksem

mennydörgés

donder

vihar

storm

jégeső

hagel

monszun

moesson

áradás

overstroming

jég

ijs

január

januari

február

februari

március

maart

április

april

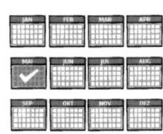

május

mei

június

juni

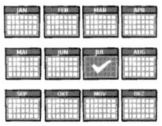

július

juli

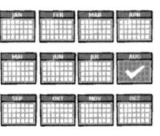

augusztus

augustus

szeptember

september

október

oktober

november

november

december

december

alakzatok
vormen

kör

cirkel

négyzet

vierkant

téglalap

rechthoek

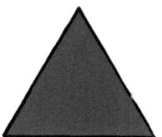

háromszög

driehoek

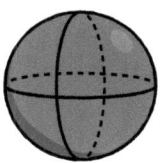

gömb

bol

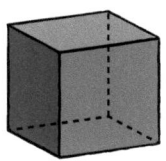

kocka

kubus

fehér
....
wit

sárga
....
geel

narancs
....
oranje

rózsaszín
....
roze

piros
....
rood

lila
....
paars

kék
....
blauw

zöld
....
groen

barna
....
bruin

szürke
....
grijs

fekete
....
zwart

sok / kevés
veel / weinig

mérges / nyugodt
boos / rustig

szép / csúnya
mooi / lelijk

kezdet / vég
begin / einde

nagy / kicsi
groot / klein

világos / sötét
licht / donker

fivér / nővér
broer / zus

tiszta / koszos
schoon / vies

teljes / nem teljes
volledig / onvolledig

nappal / éjszaka
dag/ nacht

halott / élő
dood / levend

széles / keskeny
breed / smal

ehető / nem ehető

eetbaar / oneetbaar

gonosz / kedves

gemeen / aardig

izgatott / unott

opgewonden / verveeld

kövér / vékony

dik / dun

első / utolsó

eerste / laatste

barát / ellenség

vriend / vijand

teli / üres

vol / leeg

kemény / puha

hard / zacht

nehéz / könnyű

zwaar / licht

éhség / szomjúság

honger / dorst

betegség / egészség

ziek / gezond

illegális / legális

illegaal / legaal

intelligens / buta

intelligent / dom

bal / jobb

links / rechts

közel / távol

dichtbij / ver

új / használt

nieuw / gebruikt

semmi / valami

niets / iets

idős / fiatal

oud / jong

be / ki

aan / uit

nyitva / zárva

open / gesloten

csendes / hangos

zacht / luid

gazdag / szegény

rijk / arm

helyes / helytelen

goed / fout

érdes / sima

ruw / glad

szomorú / vidám

verdrietig / gelukkig

rövid / hosszú

kort / lang

lassú / gyors

langzaam / snel

nedves / száraz

nat / droog

meleg / hideg

warm / koel

háború / béke

oorlog / vrede

0

nulla

nul

1

egy

één

2

kettö

twee

3

három

drie

4

négy

vier

5

öt

vijf

6

hat

zes

7

hét

zeven

8

nyolc

acht

9

kilenc

negen

10

tíz

tien

11

tizenegy

elf

12
tizenkettő
twaalf

13
tizenhárom
dertien

14
tizennégy
veertien

15
tizenöt
vijftien

16
tizenhat
zestien

17
tizenhét
zeventien

18
tizennyolc
achttien

19
tizenkilenc
negentien

20
húsz
twintig

100
száz
honderd

1.000
ezer
duizend

1.000.000
millió
miljoen

angol

Engels

amerikai angol

Amerikaans Engels

mandarin kínai

Chinees Mandarijn

hindi

Hindi

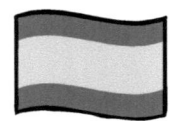

spanyol

Spaans

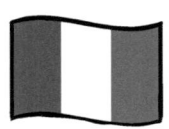

francia

Frans

arab

Arabisch

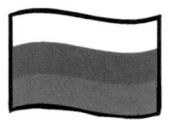

orosz

Russisch

portugál

Portugees

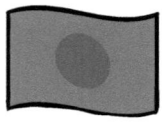

bengáli

Bengalees

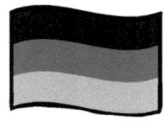

német

Duits

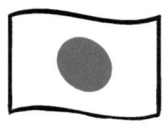

japán

Japans

én
ik

te
jij

ö
hij / zij / het

mi
wij

ti
jullie

ök
zij

ki?
wie?

mi?
wat?

hogyan?
hoe?

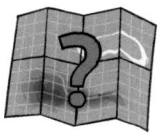

hol?
waar?

mikor?
wanneer?

név
naam

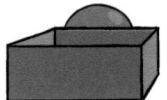

mögött

achter

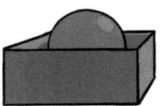

benne

in

elötte

voor

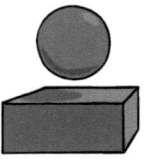

felette

boven

rajta

op

alatta

onder

mellett

naast

között

tussen

hely

plaats